西暦	アジア・アフリカ	日本の動き
1895		
	1899 清=義和団事件（—1901）	
	南アフリカ=ボーア戦争	
1900	1900 日本、ロシアなど6か国〔…〕	
	1905 孫文、中国革命同盟会を〔…〕	大正デモクラシー
	1906 インド国民会議　反イギリス運動おこる	
	1908 青年トルコ党の革命	第一次世界大戦開始
	1910 日韓併合	
	1911 清=辛亥革命	
	1912 中華民国成立　孫文、臨時大総統に就任	大戦景気・恐慌
	1919 ガンジー、サチャグラハ運動はじまる	生活文化の向上
	中国国民党成立	
	1918 魯迅『狂人日記』	
	1921 中国共産党成立　魯迅『阿Q正伝』	
	1922 エジプト独立宣言	
	オスマン帝国滅亡	太平洋戦争はじまる
	1923 トルコ共和国成立	戦時体制
	1937 日華事変（日中戦争）はじまる	
	1941 太平洋戦争はじまる	
	1945 第2次世界大戦終結	占領軍による諸改革
	アラブ連盟結成	
	ベトナム民主共和国独立を宣言	敗戦
	1947 インド独立　パキスタン成立	
	1948 大韓民国独立　朝鮮民主主義人民共和国独立	
	1949 中華人民共和国成立	
	インドネシア連邦共和国独立	
	1950 朝鮮戦争（—1953休戦）	
	1951 サンフランシスコ対日講和条約調印	
	1952 エジプト革命　1953 エジプト共和国成立	
	1954 周恩来・ネルー平和五原則を提唱	
	ベトナム共和国軍ディエン・ビエン・フーで勝利	
	ジュネーブ協定　インドシナ休戦	
1955		

目　次

アムンゼン　　　　　文・ワシオトシヒコ　　……………　6
　　　　　　　　　　　絵・もりとう博

チャーチル　　　　　文・ワシオトシヒコ　　……………　20
　　　　　　　　　　　絵・もりとう博

シュバイツァー　　　文・ワシオトシヒコ　　……………　34
　　　　　　　　　　　絵・鮎川　万

ラッセル　　　　文 ワシオトシヒコ　　絵 もりとう博　……　48
マルコーニ　　　文 ワシオトシヒコ　　絵 もりとう博　……　50
スターリン　　　文 ワシオトシヒコ　　絵 もりとう博　……　52
魯　迅　　　　　文 ワシオトシヒコ　　絵 もりとう博　……　54
ピカソ　　　　　文 ワシオトシヒコ　……………………………　56
フレミング　　　文 有吉忠行　　　　　絵 石山みのり　……　58
ルーズベルト　　文 有吉忠行　　　　　絵 もりとう博　……　60

読書の手びき　　　　　文 子ども文化研究所　……………　62

せかい伝記図書館 16

アムンゼン
チャーチル
シュバイツァー

アムンゼン

（1872—1928）

北西航路をひらき、南極点に立ち、飛行船で北極点を横断したノルウェーの極地探検家。

●からだをきたえる

　いまでこそわたしたちは、飛行機や船に乗って地球のすみずみまで行くことができます。このようになるまでには、探検家たちの命をかけた闘いが、いくたびもくりかえされてきたのです。

　ロアル・アムンゼンは、1872年に、ボルゲというノルウェーの漁村に生まれ、まもなく家族といっしょに首都のオスロに引っ越しました。船乗りの子のアムンゼンは、幼いころから海がだいすきでした。

　15歳のころ、アムンゼンをむちゅうにさせた1さつの本がありました。イギリスの探検家ジョン・フランクリンの伝記です。129人の隊員と2せきの船で北のはての北極にでかけたフランクリン隊が、きびしい大自然と闘い、最後には全滅してしまう話です。これを読んだ

　アムンゼンは、フランクリンの強い意志と勇気にすっかり感動し、自分もいつかきっと北極探検に行ってみようと、ひそかに心にちかいました。けれどもそのご、父が亡くなってしまったので、母に心配かけるのをおそれ、この夢はだれにも打ち明けませんでした。
　それからというもの、アムンゼンは北極探検の夢を実現させるために、スポーツでからだをきたえ始めました。スキーとフットボールを、とくに熱心にやりました。
　どこの家でも、寒い日にはドアや窓をしっかりしめておきますが、アムンゼンは、冬のきびしい寒さに耐えられるようにするために、わざと窓を開けっぱなしで眠る

こともありました。みんなから変わり者といわれ、母からも何度も注意されました。でも、なかなかやめようとはしませんでした。

　高等学校を卒業したアムンゼンは、母のすすめで大学の医学部に進学しました。けれども母が亡くなってしまうと、アムンゼンはすぐに学校をやめてしまいました。1日でも早く、自分の人生の夢をめざして歩き始めたかったからです。

●北西航路をひらく

　22歳で海軍に入隊したアムンゼンは、初めて広い大きな海の世界にでました。それから3年ごには、もう1等航海士として、ベルギーの南極探検隊に加わっていました。このときに乗ったベルギカ号こそ、南極で冬を越した最初の船でした。

　この越冬探検中、隊員のほとんどがビタミン不足になり、ひふなどから血の出る壊血病にかかってしまいました。でもアムンゼンはからだをきたえていたおかげで、アメリカ人の医師と協力して治療につくすことができました。そして、あとあとまで隊員たちに感謝されました。

　31歳になった1903年、アムンゼンは帆船ヨーア号で、隊長として最初の長い探検の航海に旅だちました。

　グリーンランド北東部のキング・ウィルヘルム島には１年７か月間もとどまり、北極の観測をつづけた結果、北極点は固定した地点でなく、たえず動いているということを科学的に確認しました。

　またこの航海中の1905年には、これまでのすべての航海者にとって、手のつけられない迷路といわれてきた北西航路の横断にも成功しました。北西航路とは、大西洋からアメリカ大陸の北方を通り、ベーリング海峡に出る航路です。つまり、ヨーロッパとアジアをむすぶ海の道といってもよいでしょう。これは300年もの長いあいだだれがちょう戦してもはたせなかった大仕事でした。

●北極から南極点へ

　かがやかしい成功をおさめたアムンゼンは、いよいよ前からの夢だった、人の行かない世界にのりだすことにしました。それを実行するためには、ばくだいな資金が必要です。そこでアムンゼンは、ヨーロッパとアメリカの各地を講演してまわり、じゅうぶんな資金をたくわえました。

　アムンゼンがつぎにめざした探検は、北極点に到達することです。そこで、北極探検の大せんぱいであるナンセン博士に、博士が探検に使ったフラム号をぜひともゆずってほしいとたのみました。フラム号は大きな流氷の群れにぶつかっても航海できるように、がんじょうに設計されていました。

　ナンセンにとって船を手放すことは、自分の北極探検をあきらめることになるわけですが、真剣なアムンゼンの願いにこたえないわけにはいきませんでした。

　いよいよ出発です。このとき、ひとつのニュースがアムンゼン隊に飛びこみました。アメリカのロバート・ピアリーがついに北極点に立ったというのです。アムンゼンは、気を失うほどおどろきました。こうしてはいられない。探検家としての自分のほこりをたもつためにも、

すぐにでも、何かいっそうむずかしい探検にいどまなければなりませんでした。

　アムンゼン隊は、ともかく出発しました。1910年6月のことです。ノルウェーからベーリング海峡にむかうのに、アムンゼンはなぜか、アフリカ大陸の南はしにあるケープ岬をまわる航路を選びました。アフリカの西のほうにあるマディラ島の港に着いたとき、アムンゼンはとつぜん、隊員たちにこうさけんだのです。
「諸君も知っているとおり、北極点はすでに征服されてしまった。われわれは南極点をめざそう」
　隊員たちは、思わぬ目的地の変こうにとびあがってよ

ろこびました。

　南極のロス海をつっきったアムンゼン隊は、ホエール湾で上陸の準備をすすめていました。そうしたある日、新しい情報がはいってきました。ここからあまり遠くないエレブス火山のふもとに、ロバート・スコット大佐を隊長とするイギリスの探検隊が、南極点をめざして越冬の準備を急いでいるというのです。予想していたこととはいえ、名高いライバルの登場で、アムンゼン隊の気持ちはきゅっと引きしまる思いでした。

　やがて、フラム号からヒントを得て名づけたフラムハイム（前進の家）基地が完成して、18人の隊員と116ぴきのグリーンランド犬は冬ごもりにはいりました。4月にしずんだ太陽は、8月になるまでまったく顔を出さなくなります。

　冬ごもりといっても、1日じゅうストーブにあたり、ぼんやりしているわけではありません。秋のあいだに観測したり研究したりしたことをまとめる、極点探検のための、いろいろな準備があります。なかでも、もっともむずかしくてたいせつなことは、前進するコースに3か所の補給庫をつくることです。探検を成功させるには、荷物を軽くしなくてはなりません。あらかじめ、とちゅうの道すじに食べ物をそなえておくことが必要です。

　待ちに待った南極の春、10月です。まっ白なかわいいライチョウが飛んできました。アムンゼンと４人の隊員たちはそれぞれのそりに乗り、42ひきのグリーンランド犬をつれて元気よくキャンプを出発しました。めざすのはただ１か所、南極点です。スコット隊も、それから２週間ほどおくれて出発。こうして、歴史にのこる南極点１番のり競争が始まりました。

●南極点の勝利と敗北

　霧をぬって、いつ変わるともしれない不安定な天気のなかを、南に進むアムンゼンの犬ぞり隊は、ものすごい

スピードで氷原を走ります。そしてまたたく間に、ロス氷だなを順調に突きぬけました。

南極点まであと550キロ。3000メートルもある南極大陸の氷原へののぼり坂が始まっています。これからは山また山、あぶない氷河をわたるおそろしい場所です。クレバス（氷の割れ目）に悩まされ、なだれの恐怖におそわれました。風こそあまりひどく吹きませんが、かわいた雪が舞い上がり、目の前の景色がはっきり見えない日がつづきます。

1歩ずつ南極点にむかって進むにつれ、雪やけして赤黒くなった隊員たちの顔は、興奮でひきつってきました。極点はもうすぐです。スコット隊のことなど、もうとっくに忘れていました。

1911年12月14日の朝。人類の初めての到達を祝うかのように、南極大陸の空はすっかり晴れわたっています。アムンゼン隊は、朝食もそこそこにして出発しました。隊員たちはやがてやってくる感激の予感に身をふるわせながら、みなおしだまり、もどかしそうに前進をつづけます。

「とまれ！」

とつぜん、アムンゼン隊長が手をあげてさけびました。待ちに待った瞬間です。走った距離がそりについている

車輪の回転でわかるようになっています。それがいっせいに、南極点に達したことを示したのです。緯度もはかってみました。ちょうど90度です。

だれからともなく、よろこびの声があがり、隊員たちはたがいに抱きあって祝福しあいました。

「南極点に到達したのは、われわれ全員の努力のたまものだ。さあ、みんなで名誉ある祖国の旗をかかげよう。そして、ここをハーコン7世高原と名づけよう」

ハーコン7世とは、当時のノルウェーの皇帝の名です。

その夜、南極点にテントをはり、ここをポールハイム（極の家）と名づけました。それからあらゆる観測をした

のち、あとからくるスコットに書き置きを残して帰りのキャンプをめざしました。

「スコット大佐どの。われわれはとうとう南極点に立ちました。このことをハーコン7世にお伝えください。必要ならば、ここに残したものを自由にお使いください。アムンゼンより」

帰りのコースで事故にあい、まんいち帰国できなくなった場合のことを考えてスコットに極点到達のしらせをたのんだのでした。それが、なんというひにくなことでしょう。スコット隊はやっとの思いで南極点にたどり着いたものの、つかれと寒さのため帰りのキャンプを目前に、全員がつぎつぎと死んでしまうといういたましい結果に終わってしまったのです。

スコット隊が、このようにひさんな死をとげてしまったのは、アムンゼン隊のようにグリーンランド犬のそりを使わないで、あまり役に立たないモーターのそりや、小さなシベリア馬のポニーに頼りすぎたからでした。

アムンゼン自身も、あとになってから、本にこう書いています。

「わたしは、かたい氷の上で荷物を引く動物は、犬にかぎるとかたく信じていた。犬は早く、強く、足がじょうぶで、かんがよく、人間が通ることのできるところをか

ぎ分ける不思議な力をもっている」

　スコット隊は、１番のりこそできませんでしたが、南極点到達をみごとにはたし、アムンゼン隊に負けないくらい、世界じゅうのたくさんの人たちから、ほめたたえられました。

●友を救う死の飛行

　1914年に不幸にも第１次世界大戦が起こり、アムンゼンも探検ができなくなってしまいました。

　やがて、戦争が終わりに近づいた1918年から２年余り、北西航路とははんたいに、こんどは北極圏を北から

東にまわる北東航路にちょう戦しました。でも、思わぬ事故で右肩の骨を折ったり、白熊におそわれたりして、この探検は決して成功とはいえませんでした。それから5年ごには、飛行艇で北極に飛び、氷の上に不時着してしまったこともあります。

　いつまでも若いと思っていたアムンゼンも、1926年には54歳になっていました。このころアムンゼンは、これから北極点の上を横断するには、飛行船がもっともふさわしいと考えていました。そこでイタリア政府からやっと買ったN1号をノルゲ号と名前を変え、北極へむかうことにしました。アムンゼンが隊長で、副隊長がアメリカのエルスワース、機関長はノルゲ号を設計したイタリアのノビレ大佐です。

　アムンゼンとエルスワースは、思い出の氷原を見おろしていました。そこは1年前に飛行艇で不時着し、極地の荒あらしい自然と闘った場所です。いまはこうして、飛行船のあたたかいゴンドラのなかから見おろしているのです。そしてついに北極点の上空に達し、この北極点横断飛行を成功させました。

　ところが地上におりてから、アムンゼンはノビレ大佐のためにいやな思いをしなければなりませんでした。北極点横断の探検で1番のてがらをたてたのはアムンゼン

ではなく、このわたしだと言いふらしたのです。その男が、こんどは飛行船のイタリア号で、また北極飛行に出かけてしまいました。そしてまもなく、ノビレが北極海に不時着したというニュースが、発表されました。
「ノビレを救わなければ……」
　アムンゼンはそれまでのいやなことを忘れ、北極の深い霧のなかへ飛びたちました。けれどもアムンゼンは、それっきり帰らぬ人となってしまったのです。勇気と探検心にあふれた55歳の生涯でした。
「わたしが探検に成功したのは、ぐうぜんではありません。15歳のときから目標をきめて行動してきたからです」

チャーチル

(1874—1965)

ヒトラーの世界征服の野望を砕き、勝利のVサインと葉巻タバコで親しまれた大政治家。

●勉強ぎらいなわんぱく少年

 20世紀は、科学と技術がめざましく発達しました。けれども、その前半の50年間に2回も世界大戦がおこり、数えきれないほどの尊い人命が失われ、ありとあらゆるものが破壊されました。
 この波乱にとんだ20世紀の前半を、自分の目で見て、耳で聞き、からだで戦い、その頭で世界を平和にみちびいた大政治家がいます。イギリスのウィンストン・チャーチルがその人です。チャーチルのゆったりと吸う葉巻のタバコと、人さし指と中指でつくる勝利のVサインは、世界じゅうの人たちにたいへん親しまれました。
 チャーチルは、1874年にオックスフォードに近いマールバラ公爵の古い城で、元気なうぶ声をあげました。父はマールバラ公爵の息子です。母はアメリカからやっ

てきた大金持ちの娘でした。

　チャーチルの思い出は、アイルランドの少年時代からはじまります。公爵である祖父がアイルランドの総督になったので、父が秘書をつとめるために、一家をあげてひっこしたからです。幼いチャーチルには家庭教師がつけられました。しかし知識をむりやりつめこむ家庭教師だったので、チャーチルは、ちっとも勉強がすきになれませんでした。

　家族はやがてイングランドにもどり、7歳のチャーチルは、セント・ジェームス校に入学しました。セント・ジェームス校は、スパルタ教育で有名な学校です。どん

なわんぱく少年も音をあげるほどにきびしく、チャーチルの成績はいつもびりでした。

　程度の高い授業に、すっかりまいってしまったチャーチルは、セント・ジェームス校をやめ、小さな私立学校に転校しました。のどかな生活で、元気をとりもどし、名門ハロー校への進学をめざしました。あいかわらず成績が悪く、難しい挑戦でしたが、ねばり強い努力によって入学をはたしたのです。このころ父は大蔵大臣にまで出世していましたが、息子の方はやっぱりびりです。しかし、勉強が半人前のチャーチルでも、いたずらだけはりっぱに一人前でした。

　入学してひと月もたたない、ある日のことです。タオルを肩にひっかけたひとりの生徒が、プールのふちに立ってなにごとか考えこんでいるようでした。からだつきもチャーチルぐらいだったので、いいカモだぞと思い、こっそりうしろにまわり、プールのなかにえいっと突き落としてしまいました。

　しかし水のなかから浮かんできた顔を見てびっくりしました。けんかの強そうな生徒が、こちらをにらみつけているではありませんか。逃げても、もうだめです。あっというまにつかまってしまったチャーチルは、たちまちプールのいちばん深いところに投げこまれてしまい

ました。
「あれは上級生で、フットボール選手のアメリーだぞ」
　集まってきたクラスメートたちが、心配そうに口ぐちにいいました。
「ごめんなさい。小さく見えたので、同級生とまちがえちゃったんだ」
　チャーチルは小声でいいわけをしましたが、上級生はなっとくしてくれそうもありません。そこでとっさに、うまい言葉を考えました。
「ぼくのパパは大蔵大臣だけど、どこかきみと似ているところがあるんだ」

すると上級生はにこっと笑い、やっと許してくれたのでした。

このころスポーツマンだったアメリーは、のちにチャーチルと同じように、政治家になりました。

●軍人から政治家への道

勉強ぎらいでわんぱくなチャーチルに、ひょんなことから人生の方向をきめるときがやってきました。

ハロー校に在学中のことです。休暇で家に帰っていたある日、チャーチルは、弟とおもちゃの兵隊であそんでいました。息子たちが兵隊を編成したり、動かしたりしている様子を見ていた父が、軍人になる気はないかとチャーチルに聞いたのです。

このひとことで、チャーチルの運命はきまったようなものです。ゆたかな人生経験をもち人をするどく見ぬく父がこういったのは、きっと軍人としての素質を見きわめてくれたせいだ、とチャーチルはよろこびました。ほんとうは勉強ができず、なにをやっても見こみがなさそうなので、軍人にでもさせるしかない、と父は考えたのでした。

こうしておもちゃの兵隊は、チャーチルのこれからのコースをきめるやくわりをはたしてくれたのです。それ

からの勉強は、すべて軍人になるための勉強にかわりました。
　ハロー校に学んでいる間に、チャーチルはサンドハースト陸軍士官学校のテストを２回も受けましたが、合格しませんでした。そこで思いきってハロー校をやめて、名もない予備校で、猛勉強を始めました。ついに３回めにサンドハースト陸軍士官学校の入学テストにパスし、騎兵科に編入されました。
　士官学校の授業がしょうぶんに合ったのでしょうか。チャーチルはやっといっしょうけんめいに、勉強や訓練にうちこみ、150人ちゅう18番めというりっぱな成績

で卒業し、少尉になりました。

　21歳の冬、チャーチルは軽騎兵第4連隊に配属され、もうれつな乗馬訓練を受けました。このころからチャーチルの積極的な活動がはじまったのです。みずから求めてスペインのキューバ遠征軍に参加し、はじめて弾丸の飛びかう戦場に立ちました。昼寝をしたり、葉巻のタバコを吸う楽しみをおぼえたのもこのころです。さらにその後、エジプト遠征軍にも加わり、戦場で勇敢に戦いました。

　軍隊でのつとめを終えて、ロンドンに帰ってからは、小説を書いたり、戦争に従軍した体験記を発表したりしました。本はよく売れてチャーチルの名前はたちまち知れわたりました。

　何を始めるにしても、今が絶好のチャンスです。チャーチルは、幼いときから政治家である父のすがたにあこがれていました。はりきっていたチャーチルは、迷うことなく政治の世界に入る決心をかためました。

　25歳の秋、ランカシャー工業地帯でもっとも競争のはげしいオルダム地区の選挙に、保守党の候補者として名のり出ました。しかし、人びとの前に立ち、真剣に政策を訴えたのもむなしく、落選してしまいました。

　まもなく、イギリスじゅうの新聞という新聞が、南アフリカでボーア戦争がはじまったというニュースを伝え

ました。アフリカ大陸の南はしにある南アフリカは、当時イギリスが支配していましたが、その前はオランダの植民地で、オランダ人の子孫のボーア人が住んでいました。そのボーア人たちがイギリスの政治に不満をもち、争いがたえなかったのが、とうとう戦争にまで広がってしまったのです。

●脱走に成功した英雄

はじめての選挙に落ちてがっかりしていたチャーチルは、世の中のことをもっとよく知るためにも、この戦争についてぜひ取材してみたいと思いました。そうしてい

るうちに、まもなく幸運がおとずれました。『モーニング・ポスト』を出している新聞社から、記者として従軍するように頼まれたのです。

　汽船に乗って、チャーチルはさっそく南アフリカへ出発しました。ダーバン港に着いてみると、イギリス軍がさんざん負けていることを知らされました。そこでとにかく、戦場になっているレディスミスに行こうと汽車に乗りこみましたが、途中の駅でおろされてしまいました。その先には、敵が待ちかまえていたからです。

　いのちからがら逃げ出してきた人たちで、町はごったがえしていました。

「きみは、チャーチル君じゃないかね」

「やあ、アメリーさんじゃありませんか」

　10年前、ハロー校でチャーチルがプールに突き落としたあのアメリーが突然声をかけてきたのです。二人は再会の握手をかわし、おたがいの現在の生活を話しあいました。すると、おどろいたことにアメリーもロンドンタイムズから派遣された従軍記者だったのです。

「紹介しよう、チャーチル君。この人はホールデン大尉といって、とても勇敢な中隊長だ。大尉のおかげで、ぼくは特派員として、どんなにすばらしい記事がかけたかしれないよ」

　アメリーと別れたチャーチルは、すっかり気の合ったホールデン大尉と装甲列車に乗り、敵の陣地にむかいました。けれども、途中まで行ったところでボーア人におそわれ、ついにとらわれの身になってしまったのです。
　収容所に入れられたチャーチルは、脱走するチャンスをうかがっていました。そして、真冬のある夜、とうとう脱出に成功しました。やっと一軒の家を見つけてたどり着くと、さいわいなことに主人は、南アフリカの国民ではあるものの、もともとはイギリスの出身でした。主人は、自分がはたらいている炭鉱の坑内に、チャーチルをかくまってくれました。

「イギリス人で25歳くらい。身長は1メートル70センチ前後。体格は普通で前かがみに歩く。顔は青白く、髪の色は赤茶。うすい口ひげをはやし、鼻声で、Ｓの発音がへたである」

しばらくたつと、町のあちらこちらにこんな紙がはり出されました。でもチャーチルは、貨車にかくれ、国境をやっとの思いで越えることができました。

ポルトガル領アフリカのイギリス領事館に迎えられたチャーチルは、脱走に成功した英雄として、大歓迎をうけました。

この事件はまた、さらにチャーチルにさいわいをもたらすことになりました。

感激の熱がさめない翌年の秋にふたたび選挙があり、26歳で初めて議員に当選したのです。

● 勝たなくては生きてはいけない

20世紀にはいった1901年、27歳のチャーチルは議会で最初の演説を行ない好評をはくしました。でもボーア人に同情的だったため、自分の所属している保守党からは非難の声があがりました。それからも意見の違いで保守党としばしば対立し、結局は自由党に移らざるをえませんでした。

　自由党に移ってからのチャーチルは、とんとん拍子に出世し、内務大臣、海軍大臣などをつとめ、第1次世界大戦が始まるころには、ついに大蔵大臣になりました。けれども、思ったことはなんでもやらなければ気のすまないチャーチルは、戦争でいためつけられたイギリス経済をたてなおすために、経済の大幅な引きしめ政策をとりました。しかしこの政策ははたらく人たちに反対され、それがもとで、大臣の椅子から追われてしまいました。
　こうなってしまっては、チャーチルは手も足も出ません。毎日することもないので、ひまにまかせて自分についての伝記を書いたり、絵筆をとったりしていました。

ところが、そのころふたたび大きな戦争が始まろうとしていました。世界を無法な暴力で支配させるわけにはいきません。チャーチルの心は、高ぶってきました。

ヒトラーのナチス・ドイツは、世界をわがものにしようとして、その野望のきばをとぎ始めていました。

1939年ドイツがポーランドに侵入するとまもなく、イギリスがドイツと戦争状態に入ったのです。こうして、空に、地上に、第2次世界大戦の幕が切って落とされました。長い不幸な時代の始まりです。

「チャーチルを復帰させよ！」

イギリスじゅうのポスターは、まるでこう叫んでいるようでした。

そこで総理大臣のチェンバレンは、チャーチルをふたたび海軍大臣として迎えました。さらに翌年には、国王の命令で、チャーチルはついに総理大臣になったのです。それからの6年間、チャーチルはイギリス最高の指導者として、第2次世界大戦を戦いぬきました。

総理大臣になってまもなく、議会で行なった演説は、いまでも世界じゅうの大人たちの語り草となっています。

「すでに大臣のみなさんには述べましたが、ここでも申し上げたい。わたしがささげることのできるのは、ただ、血と労苦と涙と汗だけであります。われわれの目的がな

にかとみなさんがおたずねになるならば、わたしはただひとことでこうお答えしましょう。それは勝つこと。どんな犠牲をはらうことがあっても勝つこと。どんなにおそろしいことがあっても勝つこと。どんなに長く困難な道でも勝つこと。勝たなくては生きてはいけないのです」

演説のとおり、イギリスを勝利にみちびいたチャーチルは、終戦から20年たった1965年、世界じゅうの人びとが見守るなかで、90歳の生涯を閉じました。

「わたしは、疲れた」

これが、勝たなくては生きていけなかった20世紀を代表する政治家の最期の言葉でした。

シュバイツァー

（1875—1965）

アフリカのジャングルにわけ入って、病気で苦しむ黒人のために、身をささげた医師。

●わんぱくでも反省を忘れない少年

　アフリカは、20世紀に入ってからも、まだ暗黒の大陸と呼ばれ、ほとんどだれも近づこうとはしませんでした。その未開のジャングルにわけ入って、病院を建設し、黒人を苦しみから救うために、生涯をささげた医師がいます。アルベルト・シュバイツァーが、その人です。
「人間は、一人だけで生きることはできない。ひとつの命は、あらゆる命とつながっている。だから、すべての命をたいせつにしなくてはならない」
　シュバイツァーは、1954年にノーベル平和賞を受賞し、ジャングルの聖者として、世界じゅうの人たちに知られるようになりました。
　シュバイツァーは、1875年にブドウの産地として有名なドイツの上アルザス州（のちにフランス領となる）

に牧師の子として生まれました。

　わんぱくざかりのシュバイツァーは、わがままにふるまったり、ときには、いたずらをして両親を困らせたりするあたりまえの少年でした。少しだけちがうのは、ほんとうにいけないことをしてしまったときには、いさぎよく反省することでした。

　シュバイツァーが小学生のころのことです。みすぼらしいロバに荷車を引かせたユダヤ人の商人が、村にやってきました。子どもの目には、ものめずらしかったので、うしろからぞろぞろとついて歩きました。そして、着ている服が、そまつだといってはばかにしたり、よろよろ

と歩くのをあざけっては石ころを投げつけたりしました。

　ユダヤ人は、すっかり困りきっていました。それでもなお、やさしいほほえみを浮かべ、だまって子どもたちを見つめているのです。見つめられたシュバイツァーは、電気にうたれたようなショックをおぼえました。たとえ人にいじめられても、にくしみやねたみをいだいてはならないということを、だまって教えられたような気がしたからです。

　学校から帰る途中で、こんなこともありました。からだの大きな年上の友だちと、力くらべをしたのです。だれの目からも、小さなシュバイツァーが勝つとは思えませんでした。ところがどうでしょう、その友だちを押し倒してしまったのです。倒された友だちは、くやしそうにつぶやきました。

「ぼくだって、きみみたいに肉のスープをたくさん飲めたら、きっと勝てたさ……」

　これを聞いたシュバイツァーは、目の前がまっくらになったような気がしました。

　その日からシュバイツァーは、おいしい肉のスープをまったく飲まなくなってしまったのです。両親がどんなにすすめても、がんとしてききません。飲まないのでなく、ほんとうに飲めなくなってしまったのです。スープ

を見ただけで胸がもの悲しさでいっぱいになり、どうしても飲めなくなってしまうのです。

シュバイツァーの家も、決して金持ちといえるほど裕福ではありませんでした。シュバイツァーが中学校に進学するときも、伯父の援助を受けなければならなかったくらいです。でも貧しい近所の子どもたちに比べれば、やはり「牧師のぼっちゃん」にはちがいありません。

こんなことがあってからというもの、村の子どもたちのだれも持っていないオーバーや、帽子や、手袋などを身につけようとはしなくなりました。自分ひとりだけがおしゃれをして、いい気になれなくなったからです。

●生きものへのいたわり

　シュバイツァーは、ほかの生きものたちに対しても、人間に対するのと同じような感情が自然とわいてくるのでした。

　ある晴れた春の日のことです。友だちにさそわれたシュバイツァーは、ことわりきれずに野鳥をうちに出かけました。林のなかで、パチンコのゴムに小石をはさみ、じっとねらっていると、村の方から教会の鐘の音がひびいてきました。シュバイツァーは、はっとして顔をあげました。

「コロシテハイケナイ……コロシテハイケナイ……」

　教会の鐘の音が、まるでイエス・キリストのことばのように聞こえてきたのです。そこでシュバイツァーは、友だちがとめるのもきかないで、すぐに小鳥を逃がしてしまいました。

「親友だからといって、いつもいいなりになってはいけない。正しいことをするには、勇気がいるのだ」

　それからというものは、友だちに誘われても、いやな遊びはためらわずにはっきりと断わることができるようになりました。

　シュバイツァーは、幼いころから教会の礼拝が大すき

でした。パイプオルガンの音色に耳を傾け、おごそかなふんいきにひたっていると、いつしか心が晴れました。すがすがしい気持ちで一心に祈りをささげていると、ふと大人たちの祈りが不思議に思えました。
「なぜ人間の幸福だけを願い、ほかの生きもののために祈ってやらないのだろう。牛や馬だって、小鳥だって、野原の草花にだって、みんな命があるんだ。みんなが同じ世界に生きているんじゃないか。その命をたいせつにしてやらないなんて、おかしいじゃないか……」
　シュバイツァーは、動物や植物のためにも、毎晩祈りました。

●パイプオルガンの名手

　シュバイツァーは、5歳ころから、父にオルガンを習っていました。もともと才能にめぐまれていたので、少し指導をうけると、ぐんぐん上達しました。そして、9歳のころには教会のオルガン演奏をまかせられるほどになっていました。

　シュバイツァーの音楽的才能は、すばらしいものでした。しかし、中学生になったころから、しだいになまけるくせがついてしまいました。一日じゅう、何をするでもなく、ただとりとめのない空想にふけってばかりいました。まったく勉強しなかったので、もう少しで学校をおいだされそうになったくらい、成績は良くありませんでした。ところが、新しく受け持ちになった先生は、優秀な教育者でした。シュバイツァーが、大きな可能性を秘めた人間であることをたちまち見ぬいたのです。

　先生の真剣な授業にふれたシュバイツァーは、何をするにしてもみちがえるほど熱心にとりくむようになりました。そして、オルガンにむかえば、だれよりも美しく演奏する方法を身につけようと思い、いっしょうけんめい練習を始めました。すぐれた感覚は、ますますとぎすまされ、しばらくたつと、先生の代わりがつとまるほど

の腕前になりました。のちに、シュバイツァーは、バッハの曲をひくことにかけては、第一人者といわれるようになりました。

●ある朝の決意

初夏のある朝のことです。それまで、ぼんやりとくすぶっていた思いが、はっきりとした結論に達しました。
「このようなめぐまれた暮らしに、甘えていてはいけない。すきな学問や音楽は、30歳になったらきっぱりとやめることにしよう。そして、不幸な人たちのために、自分の人生をささげるのだ」

シュバイツァーは、神に固くちかいました。
でも意気ごみは大きいものの、どんな方法で不幸な人たちにつくすべきか、まだはっきりつかめません。その方法をみつけたのは、大学を卒業して牧師になってからでした。

30歳の誕生日を数か月ごにひかえた、秋のある日のことです。いつものように教会にでかけると、机の上に1枚の緑色のパンフレットが置いてありました。それには、悪い病気にかかってつぎつぎと死んでいく、アフリカの黒人たちのみじめな生活について書かれていました。記事を読み終わったとき、長い間さがしていたものに、やっと出会えたような気がしました。

このときシュバイツァーは、神学と哲学の2つの博士の資格をもつ大学の先生でした。しかし、その年の秋の終わりには、学生として同じ大学の医学部に入学しました。そうして、医学を学び、アフリカへ向かう準備に取りかかり始めました。家族はもちろん、友だちもみなびっくりするばかりでした。

「シュバイツァーは、きっと気がちがったのだろう。変わったことをやってみんなにさわがれ、有名になりたいのだ」

「きみは神学者としても、バッハの研究家としても、

ヨーロッパになくてはならない人間だ。そのきみがわざわざ行かなくても、それだけの費用を出して、ほかの医者に行ってもらえばいいじゃないか」
　人びとがなぜ自分をとどめようとするのかじゅうぶんに理解しながらも、シュバイツァーの気持ちは変わりませんでした。
「だれが何といっても、わたしの選んだ道だ。これこそ、長いあいだ理想に描いていた道なのだ。わたしは、どんな困難にあっても歩みつづけるぞ」
　こうしてシュバイツァーは、それからの9年間、一心不乱に医学を勉強しました。

● いよいよアフリカへ

　予定どおりに医学博士となったシュバイツァーは、結婚したばかりの妻とともに、ふるさとの村をあとにしました。いよいよ計画を実行に移すときです。人類に奉仕するために熱い思いを胸に、第一歩をふみだしました。港で船を待つあいだも、シュバイツァーの心は、ジャングルで病気に苦しむ黒人たちのことでいっぱいでした。

　ポーヤックを出た船は大西洋を南に下り、アフリカの西海岸へ進みました。それからぞうげ海岸や黄金海岸をすぎ、やがて赤道アフリカのガボン国のリーブルビルという町にはいりました。そこから蒸気船に乗りかえ、オゴエ川をさかのぼって目的地のランバレネに着いたのは、出発からおよそ1か月後のことでした。

　ライオンやヒョウのすむジャングル地帯を流れるオゴエ川には、大きなワニがのんきそうに日なたぼっこをしています。シュバイツァーはオゴエ川のそばのジャングルに粗末な小屋を建てると、さっそく黒人たちの治療にあたりました。

「カーン、カーン」と朝早くから、教会のすみきった鐘の音がジャングルのすみずみまで鳴りわたりました。きょうはおごそかな礼拝日です。

　黒人たちが集まってくると、シュバイツァーはキリストの話をします。人間はみな兄弟のようなものだから、世界じゅうの人たちは仲よくしなければならないと説くのでした。黒人たちはそんなシュバイツァーを、偉大な先生という意味で「グランド・ドクター」と呼びました。

●生命の畏敬

　第1次世界大戦が始まった翌年の1915年秋のことです。オゴエ川上流の教会の牧師夫人が病気になったので、シュバイツァーは丸木舟ででかけていきました。そのとき水面に顔を持ち上げたカバの群れに出会いました。カ

バは、大きなあくびをして、ゆったりと体をゆさぶっていました。そのおおらかな風景をながめていると、ある言葉が光のように、シュバイツァーの頭にひらめきました。
「生命の畏敬！ そうだ、人類が平和な社会をつくりあげるには、生きているものへの愛情が必要なんだ。お互いの生命をたいせつにすれば、兄弟げんかも親子のみにくい争いもなくなり、人と人が殺しあう戦争さえもなくなるだろう。戦争がなくなれば平和がおとずれ、また豊かな文化の花が咲くのだ」

固く閉ざしていたこころの扉が、突然開かれたような気がしました。ジャングルの中で道に迷っていた旅人が、やっと進むべき道を見つけたような喜びでした。それからというもの、シュバイツァーはいつでもこころのまんなかに、この「生命の畏敬」という考え方を持ちつづけたのです。

シュバイツァーは、理想を実現させようと、たゆまぬ努力をつづけました。しかし、戦争の影響がアフリカにまでおよびました。シュバイツァーは、フランスの捕虜収容所に入れられてしまい、困難と闘わなければなりませんでした。大戦が終わったときにはすっかり健康を害していましたが、持ちまえの気力をふりしぼってはたらき、病院を広げていきました。

 しかし、また戦争です。ふたたび戦いは、全地球上に広がり第2次世界大戦へと発展していきました。そして病院は経営危機におち入りました。けれども「生命の畏敬」の精神につらぬかれたこの仕事は、世界じゅうに注目され、たくさんの賞金や励ましの手紙などが寄せられるようになり、病院を立派に立ち直らせることに成功しました。

 シュバイツァーは、アフリカの黒人のためにつくしつづけ、ランバレネの地でこの世を去りました。1965年のことです。博士の遺体は、おおくの黒人たちによって、手厚く葬られました。

ラッセル （1872—1970）

「おおくの人びとの悪いおこないに、そのまま従ってはいけません。自分が正しいと信じることを、やりとおしなさい」

12歳のバートランド・ラッセルの心に、祖母のこの言葉は深くやきつきました。

イギリス貴族の家に生まれたラッセルは、小さいときから、ものを深く考えるのが好きな少年でした。18歳でケンブリッジ大学に入学すると、哲学と数学を学びました。そして優秀な成績で卒業したのち、ドイツやフランスを訪れ、社会問題に関心をもつようになりました。

第1次世界大戦が起きると、ラッセルはまっ先に戦争に反対しました。戦争とは、人間のもっともおろかな行動であると信じていたからです。ラッセルは、講演や文章によって、自分の反戦の意見をどうどうと発表しました。そのため、教師をくびになるなどの弾圧を受けましたが、自分が正しいと信じたことは、まげませんでした。4か月間、監獄に入れられたこともありました。

ラッセルは、それでも負けてはいませんでした。次つぎに書物を出し、社会問題についてばかりではなく、哲学、数学、論理学についての研究も発表しました。（1950年には、これらが認められて、ノーベル文学賞があたえられています）

やがて第2次世界大戦が始まるとラッセルは、ナチス・ドイツを全人類の敵として、ドイツ軍と戦いますが、終戦ののちには、それまで以上に、反戦運動に力をそそぎました。

とくに、日本の広島や長崎に投下された原爆に、大きなショッ

クをうけました。
「原水爆戦争になれば、人類はほろびる。この地球上から、原水爆をなくさなければいけない。アメリカやソ連など、考え方のちがう国どうしでも、おたがいに話しあいながら仲よくする以外に、平和への道は生まれない」

1955年に、科学者アインシュタインらとともに出した声明は、そのごの世界の原水爆禁止運動のもとになりました。

ツルのようにスマートなからだで、ワシのように鋭い目をもったラッセルは、ほぼ1世紀という長い生涯をかけて、自分の信じる道をあゆみつづけました。

イギリスが生んだ偉大な哲学者であるラッセルの仕事は、世界で認められ、『哲学入門』『西洋哲学史』『怠惰への讃歌』などの著作は、今も読みつがれています。

マルコーニ（1874—1937）

　グリエルモ・マルコーニは、無線電信の発達に大きな功績をのこした、イタリアの電気技術者です。たいへん裕福な銀行家の家に生まれ、少年時代から、父の別荘にある図書室で科学の本に親しみながら成長しました。また、有名な科学者たちを家庭教師にして電気について学び、17、8歳のころには、電気科学者を夢見るようになっていました。

　20歳のときのことです。ある雑誌を読んだことから、マルコーニの進む道が決まりました。ドイツの物理学者ヘルツの死を伝える記事といっしょにでていた、電波を作りだしたヘルツの実験の説明が、マルコーニの心をとらえたのです。

「電波を利用して、通信ができるようにならないだろうか」

　この思いつきに夢中になったマルコーニは、別荘の３階を実験室にして、実験をくり返しました。でも、失敗の連続でした。

　実験を始めて１年ごの1895年、ひとつの成功にこぎつけました。それは、３階の実験室で発振器に火花をおこすと、地下室にとりつけたベルが鳴るという、かんたんなものでしたが、マルコーニには、天にものぼるほどのよろこびでした。

　夢をふくらませたマルコーニは、装置を改良してすこしずつ距離をのばしていきました。そして、やがて、別荘から２キロメートル離れた丘まで電波を送ることに成功して、無線電信の実用化への第一歩をふみだしました。

　1896年、マルコーニは、イギリスへ渡りました。無線電信の価値を信じようとしないイタリア政府が、研究費の援助をききとどけてくれなかったからです。

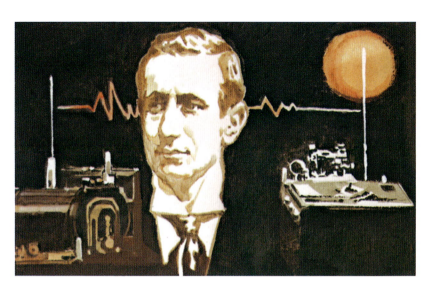

　イギリス政府の力ぞえで、郵便局の中に無線電信局をもつことができたマルコーニは、つぎつぎに送信距離をのばしていきました。1897年には無線会社をつくって、いよいよ実用化にとりくみ、2年ごにはイギリスからフランスまでの海峡横断通信に、そして1901年には、ついに、イギリスからカナダまでの大西洋横断通信にも成功しました。
「電波はどこまででもとどく」「地球の表面が丸くてもとどく」
　世界の人びとが、電波のすばらしさとふしぎさに目を見はったとき、マルコーニは、まだ27歳でした。
　こうして長距離無線通信の時代をきりひらいたマルコーニは、ノーベル物理学賞など、かずかずの賞を受け、63歳で亡くなりました。無線通信ひとすじの生涯でした。
　父の別荘の小さな実験室でめばえたマルコーニの夢は、いまも電波にのって、世界の空をかけめぐっています。

スターリン（1879—1953）

　20世紀の前半に、ソ連の独裁者、共産党指導者、首相、大元帥として活躍したヨシフ・ビサリオノビッチ・スターリンは、1879年に、黒海に近い小さな町で生まれました。父は、靴職人でしたが、家はいつも貧しく、母も、よその家のよごれものを洗う洗濯女として、はたらいていました。

　11歳のときに父を亡くし、やがてスターリンは、信心ぶかい母にすすめられて、神学校へ進みました。しかし、おおくの本を読むうちに革命運動にくわわるようになり、神学校は卒業まぎわに追いだされてしまいました。ソ連が、まだロシアとよばれていたこのころは、国は皇帝や貴族に支配され、社会革命など、とてもゆるされない時代だったのです。

「労働者の自由を守る、社会主義国家を建設しなければだめだ」

　警察の目をかくれて、社会主義者への道をつき進みはじめたスターリンは、何度捕えられても、牢獄をぬけだして、活動をつづけました。

　1917年、歴史に残るロシア革命がおこって皇帝がたおされ、マルクス主義者レーニンによって、新しい社会主義政権がうちたてられました。そして5年後には、ソビエト社会主義共和国連邦が生まれました。世界で初めての、社会主義国家です。

　スターリンは、レーニンにみとめられて、共和国連邦をささえるソビエト連邦共産党の書記長に任命され、国の政治に大きな力をもつようになりました。

　1924年、レーニンが死にました。スターリンは、政府内の反対者をことごとくおさえて、レーニンのあとをつぎました。

いよいよ、スターリン時代の幕開けです。
「われわれは、先進諸国に、50年も100年もたちおくれている。このおくれを、10年で、とりもどさなければならない」
　スターリンは、近代国家の建設をめざして立ちあがりました。そして、5年計画で工業の大発展をなしとげ、さらに、農業の機械化も実現しました。1936年には新憲法をつくり、労働者と農民を中心にした社会主義国家のきそをかためました。
　そのごのスターリンは、第2次世界大戦を、ロシア民族の栄光を守るための「大祖国戦争」と名づけて戦いぬき、戦勝後は外交にも大きな功績をのこして、1953年に74歳の生涯を閉じました。亡きがらに光っていたのは、大元帥の肩章でした。
　スターリンは、死後、独裁者として、ひはんをあびました。しかし、ソ連建設の偉大さは、いまもかわりなくたたえられています。

魯迅 (1881—1936)

　中国近代文学の父とたたえられている魯迅は、中国東部の浙江省で生まれました。本名は周樹人といいました。魯迅は、小説を書くようになってからの、ペンネームです。

　10歳をすぎるまでの魯迅は、家が豊かなうえに、理解ある両親や祖父にかこまれ、たいへんしあわせでした。絵本を読むことと、絵本の絵を写して楽しむことがすきな少年でした。

　ところが、12歳のとき、とつぜん祖父が牢獄につながれ、そのうえ、父が病気でたおれ、家族の生活は一気にどん底にたたき落とされてしまいました。質屋へお金を借りにいく魯迅を見て、それまで「坊っちゃん」とよんでうらやんでいた人たちは、あざけり笑うばかりでした。父は、3年ごに亡くなりました。
「人間の心って、なんて冷たいんだろう」
　人の心のみにくさを知った魯迅は、役人にも商人にもなるのをこばみ、17歳のとき、学問の道を求めて故郷をあとにしました。母は、泣きながら、わずかなお金をにぎらせてくれました。

　江蘇省の都市南京で、およそ3年、西洋の新しい学問を学んだのち、21歳の年に留学試験に合格して日本へ渡りました。そして、東京で日本語を学び、やがて医者になる夢をいだいて、仙台医学専門学校へ入りました。

　しかし、2年ご、中国人がロシアのスパイとして日本軍に殺される場面をスライドで見た魯迅は、医学をすてました。
「中国人の精神をかえなければだめだ」
　虫けらのように殺される中国人、それを何もできずに見ている中国人の群。この悲しみをおさえることができず、文学の力

で、新しい中国人と中国を育てていくことを、ちかったのです。
　28歳のときに帰国して、師範学校の先生になりました。
　まもなく辛亥革命がおこって清朝がたおれ、新しい中華民国が生まれました。魯迅は胸をおどらせました。ところが1年もすると、軍の力で、またも古い中国へもどりはじめました。
　魯迅は、筆をにぎって立ちあがりました。中国の古い社会をきびしくひはんした名作『狂人日記』を発表したのは、37歳のときです。数年ごには、中国人のみにくいどれい根性をえぐりだした『阿Q正伝』を書きあげ、心の弱い人びとの前につきだしました。また、政府ににらまれながら、中国の生まれ変わりをうったえる評論や論文も、次つぎに発表していきました。
　中国の人びとに勇気をあたえつづけた魯迅は、1936年に、55歳の生涯を閉じました。それは、日本とのあいだで日中戦争が始まる、まえの年でした。

ピカソ（1881—1973）

「物を、目に見えたとおりにえがく必要はない。目で見て自分の心で感じたもの、考えたものを、自由にえがけばよい」

ピカソは、ほとばしる情熱のままに芸術を愛しつづけた、20世紀最大の画家のひとりです。

スペインの古い町マラガで生まれたパブロ・ピカソは、小学校へ通いはじめても、学校がきらいでした。夢中になったのは絵をかくことだけです。父が美術学校の先生でしたから、自然に、絵を愛する心に灯がともったのかもしれません。

16歳のとき、すばらしい成績で、首都マドリードの王立美術学校へ入学しました。でも、ピカソの才能は、型にはまった授業に満足できず、しだいに学校から遠ざかってしまいました。

「もっと新しいものを学ばなければだめだ。パリへ行こう」

19歳で、芸術の都パリへでたピカソは、若い芸術家たちと交わり、美術館へ通い、個展を開いて、画家への道を歩みはじめました。そして、初めは、貧しい母親、老人、浮浪者などに心をよせて、人生の孤独と悲しみを青色でえがき、つぎには、旅芸人やサーカスの道化師たちをモデルにして、人間が悲しみをおさえて生きるすがたを、こんどは桃色でえがきました。ピカソの、心でとらえるえがき方が、色を変えさせたのです。

ピカソが、ほんとうに注目されるようになったのは、26歳の年に『アビニョンの女たち』を完成させてからです。絵のなかの女たちの顔やからだは、ひどくゆがんでいます。ピカソが、自分の心でとらえた女を、えがいたからです。おおくの画家たちから「ピカソは気がくるったのだろう」とさえ、思われまし

ピカソ画『自画像』『アンチーブでの夜釣り』

た。しかし、ピカソは平気でした。やがて、この絵のえがき方はキュビスム(立体主義)とよばれるようになり、20世紀の新しい美の世界を生みだしていきました。

そのごのピカソは、目で見たままの写実主義の絵をかいたかと思えば、人体を怪物のように変形させた絵や、何がえがかれているのかわからないような、超現実的な絵もかきました。また、第2次世界大戦や朝鮮戦争が始まったときは『ゲルニカ』『戦争と平和』などの大作を発表して、戦争をおこした人びとに、はげしく抗議しました。

ピカソは、絵のほかに、版画、彫刻、陶器などの制作にもいどみ、さらに、舞台装置も手がけ、詩や戯曲も書き、からだのなかの芸術愛の火をもやしつくして、1973年に91歳で亡くなりました。つねに新しいものを求め、つねに飛躍しつづけた、はげしく大きな生涯でした。

フレミング (1881—1955)

　ペニシリンを発見したイギリスの細菌学者アレクサンダー・フレミングは、スコットランドで生まれました。父は農民でしたが、フレミングが7歳のときに亡くなりました。

　フレミングは、幼いときから観察力がすぐれていました。また、次からつぎへと新しいことを考える才能をもっていました。子どものときから科学者になる素質があったのかもしれません。

　14歳のとき、兄が眼科の病院を開業しているロンドンへでました。そして、工芸学校で2年間学び、そのご4年ほど商船会社ではたらいたのち、セント・メアリーズ医学校へ進みました。

　医学校を卒業すると、細菌学の道をえらび、セント・メアリーズ病院の予防接種研究室へ入りました。白衣をつけたはなやかな医者にくらべると、収入も少ない研究者の道が楽ではないということは、よくわかっていました。しかし、フレミングは、自分のことよりも人のために生きる人生をえらんだのです。

　最初の研究は、顔にできるにきびでした。それは命にかかわるような病気の研究からみると小さな研究でしたが、研究者はけっしてあせってはいけないことを知っていたフレミングは、たとえ目だたない研究でも、全力をそそぎました。

　1914年に第1次世界大戦が始まると、軍医として野戦病院で、負傷兵のてあてにあたりました。すると傷の治療をしているうちに思いがけないことを発見しました。消毒薬は、傷口の殺菌にはほとんど役だたないばかりか、場合によっては、むしろ菌をはんしょくさせている、ということをつきとめたのです。

　「からだの外からつける薬にたよってはだめだ。体内に入りこ

む菌に対する、からだの抵抗力を強めさせる薬が必要なんだ」
　それからのフレミングは、動物の組織をいためないで菌を殺す物質の研究にうちこみました。まず、だ液、鼻汁、涙を使った実験をくり返して、それらには自然に菌をとかしてしまう物質がふくまれていることを発見し、その物質をリゾチームと名づけました。
　ペニシリン発見のかぎをさがしあてたのは、このリゾチームの研究をしていたときのことです。あるとき、菌の培養器に青かびが落ちこみました。すると、菌が死んでいくではありませんか。どんな小さなことも見のがさないフレミングは、青かびにとびつきました。そして実験に実験をかさねて、青かびからとりだした物質が大きな殺菌力をもっていることを証明しました。これが世界の医学者をおどろかせたペニシリンです。
　フレミングは1945年にノーベル生理・医学賞を受賞しました。

ルーズベルト (1882—1945)

　アメリカ合衆国の第32代大統領フランクリン・ルーズベルトは、1882年、ニューヨークで生まれました。父は実業家でした。
　少年時代のルーズベルトは、家庭教師について学びながら、なに不自由なく育てられました。でも、けっして弱よわしい子どもだったわけではなく、学校ではスポーツに熱中しました。そのため成績は、あまりよくありませんでした。
　ハーバード大学とコロンビア大学で、政治や法律を学び、25歳で弁護士になりました。政治の世界へ足をふみ入れたのは、28歳のときでした。学生時代に、第26代の大統領セオドア・ルーズベルトのめいにあたる女性と結婚したルーズベルトは、妻にはげまされ、ニューヨーク州の上院議員に立候補して当選したのです。
　1913年、31歳の若さで合衆国政府の海軍次官に任命され、第1次世界大戦に活やくして名を高めました。そして、1920年の大統領選挙には、民主党から副大統領候補に指名されました。しかし、落選しました。そのうえ、つぎの年にはとつぜん小児まひにおそわれ、左下半身が不自由になってしまいました。
　数年たっても、松葉杖がなければあるけません。母は、政治からしりぞくことをすすめましたが、ルーズベルトは、妻の愛に支えられて、病気と闘い、政治への夢を捨てませんでした。
　1928年、ニューヨーク州知事にえらばれ、4年ごには、ついに大統領に当選しました。ルーズベルトの強い意志が、病魔に打ち勝ったのです。
　そのころのアメリカは、大きな不景気にみまわれ、銀行や会

社がつぎつぎにつぶれて、町には失業者があふれていました。
「勇気をもって、いますぐ行動を!」

　ホワイトハウスへ入ったルーズベルトは、ニューディールと名づけた政策の実行に全力をそそぎました。まず、仕事のない人びとを救うために産業を盛んにしました。銀行をたてなおして、国の経済のみだれをととのえました。また、新しい制度を定めて、貧しい労働者たちの権利が守られるようにもしました。ルーズベルトの心にもえていたのは、大統領は国民のために生きる政治家でなければならない、という信念でした。

　きびんな政治力と、あたたかい人格がたたえられたルーズベルトは、合衆国の歴史のなかで初めて、4回連続で大統領にえらばれました。そして、1941年に第2次世界大戦が始まると、連合国側の指導者として活やくをつづけ、戦争が終わる数か月まえに、63歳の生涯を終えました。

「読書の手びき」

アムンゼン

ドイツの考古学者シュリーマンは、幼年時代に読んだホメロスの詩の感動を抱き続け、遂に、地に埋もれたトロヤの遺跡を発見して、自分の夢を掘りあてました。一方、アムンゼンは、少年時代に愛読した極地探検物語の感動が忘れられず探検家を志し、遂に、南極点を征服して、自分の夢を果たしました。この2人に共通して偉大なことは、遺跡発掘と南極到達を成し遂げたこと以上に、生涯、自分の夢をつらぬいたことです。自分の意志と信念をたいせつにして、自己の人生をみごとに生きたことです。人間が、自分の夢を抱いて生きることのすばらしさを教えた、これ以上の教訓はないといっても、よいのではないでしょうか。しかも、いちどは自分をおとしいれようとした友なのに、その友を助けようとして、氷の海に消えていったアムンゼン。その、探検家としての崇高な心にも、強く胸をうたれます。

チャーチル

1914年から1918年にかけてヨーロッパを中心に30数か国が参戦して戦った第1次世界大戦。それから約20年ののち、1939年から1945年にかけて、日本、イタリア、ドイツなどの枢軸国と、アメリカ、イギリス、フランスなどの連合国のあいだで行なわれた第2次世界大戦。チャーチルは、この2つの大戦を政治家として生きぬき、とくに第2次大戦では首相としてイギリスを勝利に導きました。30数歳の若さで大臣になったチャーチルは、たいへん、意志と不屈の精神の強かった人だったといわれています。だれよりも祖国イギリスを愛する人だったのではないでしょうか。また、自国のことだけではなく、つねに世界をみつめ、外交に手腕を発揮してアメリカとソ連の冷戦の解消などにも力をつくしました。政治家としては84歳でなおも下院議員に当選するまで活躍しま